Die Deutsche Bibliothek-CIP-Einheitsaufnahme
Patrick K. Addai
Sprich endlich mit mir, Esel!
Patrick K. Addai
Austria/Leonding: Adinkra, 2018
ISBN: 978-3-951985268
1. Auflage 2018

Illustrationen und Grafik: Jokin Michelena

Bitte fordern Sie unser
aktuelles Verzeichnis an:
Verlag Adinkra
Harterfeldstrasse 2A
A-4060 Leonding
Tel: 0043732673229
E-Mail: verlag@adinkra.at
Website: www.adinkra.at

Sprich endlich mit mir, Esel!

Patrick Addai · Jokin Michelena

Der afrikanische Hausesel

Der Hausesel stammt vom Afrikanischen Wildesel ab und ist ein weltweit verbreitetes „Haustier". Ursprünglich stammen Esel aber aus trockenen Ländern, wie wir sie in ganz Nordafrika und der Arabischen Halbinsel finden. Sie ernähren sich von trockenen und dornigen Wüstenpflanzen und von Gräsern. Esel leben vorwiegend einzelgängerisch, manchmal bilden sie kleine Herden ohne festgelegte Hierarchie. Hengste halten oft für wenige Wochen Reviere. Nach der Paarung trennen sich die Elterntiere. Die Eselstute bringt nach ungefähr zwölf Monaten ein Junges zur Welt, manchmal auch Zwillinge. Zwischen Mutter und Fohlen besteht eine sehr enge Beziehung. Die Jungen werden zirka neun Monate gesäugt. Mit ungefähr zwei Jahren werden Esel geschlechtsreif. Die Wildesel benutzen den Sehsinn, das Gehör und den Geruchsinn zur Kommunikation. Insgesamt sind fünf verschiedene Lautäußerungen bekannt: der typische Eselslaut zur Kommunikation mit Artgenossen, ein hörbares Schnüffeln bei Begegnungen mit anderen Tierarten, ein Grunzen und Knarren als Aggressionslaute sowie ein Schnauben als Hinweis auf Gefahr.

Der Esel war für Menschen jahrtausendelang ein äußerst praktisches Nutztier. Viele Menschen hielten ihn früher sogar für ein ganz besonderes Wesen. Für die Ägypter zum Beispiel war er eine Gottheit. Im Märchen „Tischlein deck dich!" spuckt er Goldtaler. In der biblischen Weihnachtsgeschichte wacht er über das Jesuskind. Das zeigt auch, wie wichtig den meisten Menschen der Esel lange Zeit war. Noch vor seinem Verwandten, dem Pferd, wurde der Esel

gezähmt. Auf langen Handelsreisen und sperrigen Wegen ritt man auf dem robusten Langohr, packte ihm Lasten auf den Rücken oder spannte ihn vor Karren und Kutschen.

Der Esel ist der perfekte Helfer. Er kommt bis zu drei Tage ohne Wasser aus. Ihm genügen Gräser und trockene Pflanzen. Er ist ausdauernd und bewegt sich geschickt auf unwegsamem Gelände. Kein Wunder, dass es nicht lange dauerte, bis der Esel auf vielen Kontinenten bekannt, beliebt und zu Hause war. In ägyptischen Grabstätten fand man Knochen von Eseln, die nahe bei einem Pharao bestattet wurden. Daher wissen wir, dass die Tiere schon vor über 6.000 Jahren als Nutztiere gehalten wurden.

Es gibt drei Esel-Arten: Der Afrikanische Wildesel besitzt gestreifte Beine, die aussehen wie die eines Zebras. Der Hausesel stammt von ihm ab. Viele Arten des Afrikanischen Wildesels sind ausgestorben, zum Beispiel der Nubische Wildesel.

Der Asiatische Wildesel wird auch Halbesel genannt, da er viele Ähnlichkeiten mit dem Pferd hat. Er ist mit bis zu 70 Stundenkilometern im Galopp der schnellste unter den Eseln. Unterarten sind Khur, Kulan, Onager und Dschiggeta.

Die dritte Art lebt im Hochland von Tibet, in Nepal, Indien und Pakistan. Sein Lebensraum ist in den Bergen und Steppen. Er ist der größte wildlebende Esel und als einziger Wildesel nicht stark bedroht. Die Unterarten sind Westlicher Klang, Östlicher Klang und Südlicher Klang.

Esel brauchen nur wenig Schlaf, sie können im Stehen schlafen – sogar mit offenen Augen. Sie legen sich selten hin, denn im Liegen sind sie für Feinde leichter angreifbar. Sie schlafen nur zwei bis fünf Stunden und halten auch mal tagsüber ein Nickerchen.

Ein Esel mag keine hundeartigen Tiere. Das macht ihn zu einem prima Beschützer für Schafe. So wird der Esel gerne von Schäfern als Wächter gegen Wölfe eingesetzt. Pirscht sich ein hungriger Wolf heran, ergreift der treue Esel nicht die Flucht, sondern alarmiert mit lautem Gebrüll und Gestampfe seine Herde und verteidigt die Schafe im Notfall mit Bissen und Tritten gegen den Eindringling.

In ihrer trockenen und kargen Heimat müssen sich die Wildesel mit anderen Tieren um Wasserstellen und Nahrung streiten. Oft bleibt dabei nicht genug für alle übrig. Viele Wildesel werden auch wegen ihres Fleisches gejagt. Die Afrikanischen Hausesel sterben aus, weil die Chinesen das Fleisch der Esel für bestimmte Medizin verwenden. Auch der Somali-Wildesel ist dem Aussterben nahe. Von ihm gibt es in der Wildnis nur noch wenige hundert Tiere.

Die Afrikanischen Hausesel sind ebenfalls sehr stark bedroht durch Bejagung, Lebensraumzerstörung und Übertragung von Krankheiten bei der Vermischung mit verwilderten Hauseseln.

Deshalb wurden Nationalparks zum Schutz des Afrikanischen Wildesels eingerichtet und Erhaltungszuchtprogramme ins Leben gerufen.

Der schlaue Esel und der Bauer

Ein Bauer namens Kwamina hatte einen alten Esel. Dieser stolperte eines Tages und fiel in einen ausgetrockneten Brunnen. Stundenlang schrie der Esel erbärmlich.

Nach reiflichem Überlegen fasste der Bauer schließlich einen Entschluss: „Es lohnt sich nicht, den Esel herauszuziehen, da dieser zu alt ist, und der Brunnen gehört sowieso zugeschüttet, da er kein Wasser mehr führt."

Kwamina bat seine Nachbarn, ihm beim Zuschütten des Brunnens zu helfen. Diese kamen mit Schaufeln und begannen, Erde in den Brunnen zu werfen.

Als der Esel bemerkte, was geschah, schrie er noch lauter. Doch Kwamina ließ sich dadurch nicht von seinem Vorhaben abbringen, sondern schaufelte weiter.

Schaufel um Schaufel fiel auf den armen Esel und den Brunnenboden. Schließlich wurde es drunten ruhiger, und bald hörte man nur noch die Erde auf den Boden fallen.

Da wurde der Bauer neugierig und schaute in den Brunnen. Er war erstaunt über das, was er sah: Jede Schaufel Erde, die den Esel traf, schüttelte dieser ab, sodass die Erde auf den Boden fiel und er darauf herumtrampeln konnte. So stieg langsam der Brunnenboden nach oben und der Esel mit ihm.

Daraufhin schaufelte der Bauer wieder mit, und es dauerte nicht lang, da streckte der Esel seinen Kopf über den Brunnenrand.

Kurze Zeit später konnte der Esel aus eigener Kraft den Brunnen durch einen beherzten Sprung verlassen und war gerettet.

Die Menschen im Dorf waren so begeistert von dem Esel, dass sie am nächsten Tag ein Eselsfest feierten.

Und dem König gefiel die Geschichte gar so gut, dass er anlässlich dieses Festes zu seinem Volk sprach: „Schüttelt euren Dreck ab und nutzt ihn für eure Ideen und für die Zukunft. Und gebt nie auf, bis ihr euer Ziel erreicht habt.“

Die zwei Esel

Zwei Esel saßen in einem großen Stall, links und rechts waren Heuhaufen. Beide dachten sich: „Das frische Heu duftet so gut, ich habe Bärenhunger!“ Nun zog der rechte Esel zum rechten Haufen und der linke zum linken. Da bemerkten sie, dass sie mit einem Seil zusammengebunden waren. Sie zerrten so fest, dass ihnen die Hälse schon richtig wehtaten, aber sie gaben immer noch nicht auf.

Endlich hatten sie genug. Ganz erschöpft setzten sie sich auf den Boden und überlegten, wie sie an das frische Heu herankommen könnten. Sie dachten und dachten so lange, bis ihre Köpfe schon fast rauchten. Plötzlich hatte der rechte Esel eine gute Idee. Er sagte in der „Eselsprache" zum linken, der

immer noch überlegte: „Ich hab's! Wir gehen zusammen zu einem Haufen und fressen gemütlich, und dann gehen wir zum zweiten Haufen und essen den auf." Das andere Tier sagte: „Mein Gott, warum bin ich nicht gleich draufgekommen? Du hast Recht, so machen wir es!"

Nun begannen sie, den ersten Haufen zu fressen, und als dieser weg war, begannen sie mit dem zweiten. Als sich die beiden satt gefressen hatten, legten sie sich auf den Boden und schliefen gemütlich und zufrieden ein. So lebten sie glücklich weiter!

Wer keinen Esel findet, muss selber Säcke tragen

In der glühenden Mittagshitze zogen ein Vater, sein Sohn und ein Esel durch die staubigen Gassen einer Stadt. Der Vater saß auf dem Esel, während der Junge daneben herging. Da sagte ein Vorübergehender: „Der arme Junge! Seine kurzen Beine können mit dem Tempo des Esels kaum mithalten. Wie kann ein Vater so faul auf dem Esel sitzen, während der Junge vom Laufen ganz müde wird!“

Der Vater beherzigte diese Worte und setzte seinen Sohn auf den Esel. Bald darauf kam ein anderer Mann vorbei und rief: „So eine Unverschämtheit. Der Bengel sitzt wie ein Sultan auf dem Esel, während sein armer alter Vater daneben herläuft.“

Dies schmerzte den Jungen, der daraufhin den Vater bat, sich hinter ihn auf den Esel zu setzen. Bald darauf rief eine vorbeigehende Frau entrüstet aus: „Hat man so etwas schon gesehen? So eine Tierquälerei! Der Rücken des armen Esels hängt völlig durch, und der alte und der junge Nichtsnutz ruhen sich auf ihm aus, als wäre die arme Kreatur ein Diwan!“

Daraufhin stiegen Vater und Sohn wortlos vom Esel herunter, nahmen das Tier in ihre Mitte und gingen rechts und links daneben her. Kurze Zeit später machte sich ein Fremder über sie lustig: „So dumm möchte ich ja im Traume nicht sein. Wozu führt ihr denn den Esel spazieren, wenn er nichts leistet, euch keinen Nutzen bringt und nicht mal einen von euch trägt?"

Vater und Sohn sahen einander wortlos an, dann packte der Vater den Esel bei den Vorderbeinen, der Sohn nahm ihn bei den Hinterbeinen, und so trugen sie den Esel für den Rest des Weges.

Wenn das Ohr des Esels juckt, juckt auch sein Fell

Es lebte einmal ein König namens Hakunata Masamba. Er war sehr reich und in seinem Palast gab es nicht nur Diener und Untertanen, sondern auch Löwen, Tiger, Elefanten, Esel und Pferde. Im Hof des Palastes lebten alle diese Tiere zusammen. Eine einzige Sorge hatte König Hakunata Masamba. Er wünschte sich so sehr ein Mädchen, aber er hatte nur lauter Buben.

„Obwohl ich fünfundzwanzig Kinder habe, fehlt mir noch ein Mädchen“, machte er sich

immer Sorgen. Denn ein Haus ohne Frau ist wie eine Wiese ohne Tau. Also beschloss er, den Medizinmann mit dem langen Namen Schokolokobangmoschee in seinen Palast einzuladen, damit dieser etwas täte, dass seine Frau endlich ein Mädchen bekäme. Er rief einen seiner Diener und sagte: „Okondele, bis ich morgen früh mein Gesicht fertig gewaschen habe, will ich den Medizinmann Schokolokobangmoschee in meiner Kurkammer haben."

Der Diener tat, wie ihm geheißen war, und am Morgen stand der Medizinmann Schokolokobangmoschee in der Kurkammer und wartete auf den König. Der König kam und verlangte: „Gib mir Medizin, damit meine Frau ein Mädchen bekommt. Ich habe in meinem Palast lauter Buben, und das bereitet mir viele Sorgen."

Nach langen Überlegungen sagte der Medizinmann: „Ich kann Ihnen keine Medizin geben, nur einen Rat: Verschenken Sie die Hälfte Ihres Vermögens an die armen Leute: die Bettler, die Obdachlosen, die Straßenkinder, die Blinden, an alle, die nichts haben. Darf ich mich zurückziehen, bis es gute Neuigkeiten gibt?“ Der König bedankte sich für den Rat und ließ ihn gehen.

Am nächsten Tag ging der König auf die Straße und teilte sein Geld mit armen Menschen. Ebenso schenkte er große Summen denjenigen seiner Untertanen, die ihm versprachen, damit anderen zu helfen, die in Not waren.

Es passierte tatsächlich ein Wunder: Nach zwei Jahren gebar seine Frau ein wunderschönes Mädchen. Es war so schön, dass man es nicht zwei Mal anschauen konnte. Der König Hakunata Masamba freute sich sehr und feierte mit allen Menschen seines Dorfes ein riesiges Fest.

Glücklich umarmte er seine Frau und sagte zu ihr: „Ein Haus ohne Frau ist ein leeres Haus." Im Hof spielte das kleine Mädchen immer zusammen mit den Tieren. Das war seine größte Freude.

Das Pferd sagte eines Tage zu den anderen Tieren: „Ich beobachte immer, wie der Esel nach dem Essen ganz gefährlich herumspringt. Er soll aufpassen, dass er nicht so viel Blödsinn macht, denn wenn das Ohr des Esels juckt, juckt auch sein Fell." – „Was soll das heißen?", fragte der Löwe und meinte: „Mich geht es nichts an! Wenn der Esel etwas anstellt, wird nur er bestraft."

Der Elefant war sehr aufgeregt und ergänzte: „Mir geht es genauso! Wenn der Esel etwas anstellt, soll nur er bestraft werden! Ich bin immer ganz ruhig in meinem Gehege und mache keinen Blödsinn. Nur der Beschuldigte soll bestraft werden. Also, der Esel kann machen, was er will. Und noch eines", bekräftigte er seine Meinung: „Jeder ist für sein Leben selbst verantwortlich!"

Der Tiger meinte: „Was sein muss, muss sein, und deswegen glaube ich, jeder soll machen, was er will." Das Pferd war sehr traurig über das, was die anderen Tiere geäußert hatten, aber ihm war es wichtig gewesen, jetzt etwas zu sagen anstatt später.

Eines Tages waren alle Tiere sehr glücklich, nachdem sie Futter bekommen hatten, und legten sich gemütlich aufeinander. Die Schlange lag auf dem Löwen, das Pferd auf dem Elefanten und der Affe auf dem Tiger. Nur der Esel

hüpfte herum und strampelte mit den Beinen hin und her. Gerade in diesem Moment kam die Königstochter in den Hof, um mit den Tieren zu spielen. Das Bein des Esels traf das Knie des Mädchens. Die Prinzessin fing so laut an zu weinen, dass es der König hörte. Das Knie war blutüberströmt. Der König war entsetzt über das, was er sehen musste, und befahl seinem Reiter, das Pferd zu nehmen und das Mädchen so schnell wie möglich zum Medizinmann zu bringen.

Schokolokobangmoschee wohnte fünfzig Kilometer vom Palast entfernt. Das Pferd rannte und rannte, bis sein Speichel fast wie Schlagsahne wurde. Als es mit der Prinzessin endlich beim Medizinmann angekommen war, war das Pferd total erschöpft. Der Medizinmann behandelte das Mädchen und schickte schöne Grüße an den König. Als das Pferd dann die Prinzessin in den Palast zurückgebracht hatte, war es völlig außer Atem. Nun befahl der

König: „Ab heute darf der Esel nicht mehr im Hof bleiben, er wird als Arbeitstier benützt. Und weil die anderen großen Tiere keine Ordnung im Hof gehalten haben, bekommen sie nur noch eine Mahlzeit pro Tag." Nur das Pferd wurde verschont, weil es das Leben der Prinzessin gerettet hatte. Das Pferd war sehr glücklich, aber auch sehr nachdenklich. Ganz laut sagte es: „Wenn das Ohr des Esels juckt, juckt auch sein Fell."

Patrick Addai, M. A. stammt aus dem Volk der Ashanti in Ghana. Er studierte Volkswirtschaft, Soziologie und Politologie und war Schauspieler am Theater des Kindes in Linz. Er engagiert sich als Kulturreferent und Kulturbotschafter und möchte mit seinen Büchern den reichen Schatz der afrikanischen Kulturen bekannt machen. Patrick Addai ist Absolvent des Postgraduate Studiums in Kulturmanagement an der Universität Wien und Master in Supply Chain Management an der Fachhochschule Steyr. Er bekam für seine Literarischen Werke den Friedrich-Bödecker-Preis 2016.

Jokin Michelena ist 1962 in San Sebastian (Spanien) geboren. Nach seinem Kunststudium in Bilbao und seiner Tätigkeit als Kunstlehrer ist er 1995 mit seiner Familie nach Deutschland gezogen. Seitdem hat er als Illustrator und gelegentlich als Autor an hunderten von Büchern für die meisten spanischen und einige deutsche Verlage mitgewirkt. Er begleitet mit seinen Zeichnungen Märchenerzähler, erzählt selber und zeichnet mit Kindern und Erwachsenen. Während der letzten sechs Jahre wurde er von den baskischen Kindern zu einem der beliebtesten Illustratoren gewählt.